ILUMINANDO EL CAMINO

ILUMINANDO EL CAMINO

**UN ESTUDIO DE DESCUBRIENTO DE 12 SESIONES
PARA GRUPOS PEQUEÑOS**
VÍA DIÁLOGO DE LA CARTA DE PABLO A LOS

BASADO EN EL LIBRO *EL CAMINO* ESCRITO POR
JOHN DANNEMILLER E IRVING STUBBS

ADAPTADO PARA USO DE GRUPOS PEQUEÑOS POR
BRIAN REGRUT

TRADUCIDO DEL INGLÉS POR
DRA. FRANCELIA CHÁVEZ DE MCREYNOLDS

Sé una nueva creación

Iluminando el Camino

© 2022 Living Dialog Ministries
Apartado postal 15125
Richmond, VA 23227

Todos los derechos reservados

Publicado en los Estados Unidos de América por Living Dialog Ministries, una organización 501 (c) (3) exenta de impuestos. www.livingdialog.org

ISBN: 978-0-9890791-9-8

Las citas de las Escrituras, a menos que se indique lo contrario, se toman de LA SANTA BIBLIA NUEVA VERSIÓN INTERNACIONAL (NVI) Copyright © 1979, 2015 de la Sociedad Bíblica Internacional.
Usado con permiso de Zondervan. Todos los derechos reservados.

Portada por Frank Gutbrod

18 17 16 15 14 13 7 6 5 4 3 2 1

Impreso en los Estados Unidos de América.

CONTENIDO

INTRODUCCIÓN *07*

SESIÓN 1 ¿Cómo se presentó Pablo a sí mismo ante los Cristianos Romanos? *13*

SESIÓN 2 ¿Qué es el justo juicio de Dios? *19*

SESIÓN 3 ¿Cuál es la forma de ser hechos justos delante de Dios? *24*

SESIÓN 4 ¿Qué proviene de tener paz para con Dios? *29*

SESIÓN 5 ¿Qué es lo que impulsa la transformación espiritual? *32*

SESIÓN 6 ¿Cuál es la relación entre la Ley y el Pecado? *36*

SESIÓN 7 ¿Cómo compartimos la gloria de Cristo? *41*

SESIÓN 8 ¿Hay esperanza para los judíos? *46*

SESIÓN 9 ¿Cuál es el mensaje de salvación para todos? *50*

SESIÓN 10 ¿A qué es lo que nos llama el amor sincero? *54*

SESIÓN 11 ¿Cómo vivimos el ejemplo de Cristo? *60*

SESIÓN 12 ¿Cómo puedes cerrar una carta como la de Pablo a los Romanos? *64*

EPÍLOGO *69*

INTRODUCCIÓN

Hemos diseñado este estudio de 12 sesiones para ayudar a los grupos pequeños a entablar un diálogo sobre la carta del apóstol Pablo a los seguidores de Cristo que vivían en Roma. Estos creyentes se llamaban a sí mismos "el Camino", describiendo su creencia de que Jesús era "el camino" hacia Dios. En su carta, Pablo establece las principales doctrinas del cristianismo que han guiado a la Iglesia durante dos milenios.

Mientras leemos esta carta, alentaremos la búsqueda de los fundamentos de la vida cristiana y veremos cómo Pablo arroja una luz brillante sobre las "buenas nuevas" de Dios: "Iluminando el Camino" para los buscadores de la Verdad.

Esperamos que al leer las Escrituras, luches con las preguntas y escuches lo que otros están descubriendo, obtendrás una comprensión más rica de la vida, las enseñanzas, la muerte y la resurrección de Jesús; y lo que significa ser transformado en un hijo de Dios. Rico en teología y esencial para la evangelización, este estudio ofrece una nueva y refrescante guía de la carta del apóstol Pablo a los Romanos. Si tienes preguntas sobre lo que has escuchado acerca de Jesús, el cristianismo o la Iglesia y si tienes preguntas que te hubiera gustado hacerle a Pablo, encontrarás estas doce sesiones de estudio estimulantes y esclarecedoras.

Conoceremos mejor a Dios al explorar Su deseo desde el principio de los tiempos de estar en una relación correcta con Su más grande creación: los hombres y mujeres hechos a Su imagen. Veremos cómo la humanidad le dio la espalda a Su creador y abrió un abismo que sólo pudo ser rescatado por medio de un sacrificio de sangre. Ese sacrificio fue hecho por el Hijo de Dios en una cruz romana y fue seguido de Su resurrección. Este estudio ayudará a los participantes a comprender mejor esta transacción que proporciona los medios para todos los que creen conocer la vida eterna con Dios. Mediante un diálogo aprenderemos a relacionarnos unos con otros por medio de conversaciones y pláticas que transforman.

A pesar de los beneficios que muchos experimentan a través de los sistemas modernos de comunicación, la mayor parte de nuestra mensajería diaria es relativamente superficial. La mayor parte de la población mundial está condicionada para rozar la superficie de ideas y eventos sin descubrir las verdades profundas que yacen en el fondo de ellos. Este estudio está diseñado para contrarrestar esa tendencia.

A decir verdad, las experiencias son más ricas cuando se comparten. Si tú has experimentado un evento o experiencia milagrosa en la vida y has visto cosas que nunca antes habías visto, ¿no querrás contarle a alguien sobre eso? Mejor aún, ¿no te gustaría contar con alguien para compartir el "¡Guau!"?

Cuando te reunas con tus compañeros para escuchar de nuevo una carta de 2000 años de edad que es tan importante en la actualidad como cuando fue escrita, estás invitado a compartir tus pensamientos y experiencias a través del diálogo. Creemos que el significado de la palabra "diálogo" es una "gran" plática, un intercambio de corazón a corazón que tiene el poder de transformar a todos los que participan en la conversación.

Nuestro objetivo es simple. Cuando experimentes este estudio, nuestra esperanza y oración es: conocerás a Jesús y el cristianismo como nunca los has conocido antes; y te convertirás en un hombre más confiado, audaz, creyente valiente y maduro que "Ilumina el camino" para que otros sigan a Jesús para que ellos también puedan experimentar la Gracia, Perdón, Paz y Amor.

Tipos de diálogos

Habrán diferentes tipos de diálogos que experimentaremos durante nuestras reuniones:

Diálogo con Dios: creemos que Dios nos llama a cada uno a una relación con Él. Esta relación nos da sentido y propósito para nuestras vidas. Dios quiere algo profundo, personal y comunicación abierta con nosotros.

Diálogo con uno mismo: mientras piensas en lo que escribe Pablo y lo que significa para la iglesia en el siglo XXI, puedes tener pensamientos y sentimientos que aclaran, estiran y desafían tu comprensión de Jesús y el cristianismo. Puedes pensar: "¿Es eso lo que realmente quiso decir Jesús?", "¿Me pregunto qué está diciendo realmente Pablo con eso?" o "yo nunca lo pensé de esa manera antes ".

Diálogo con otras personas que están físicamente presentes: el intercambio de pensamientos y sentimientos amplifica y profundiza tu entendimiento. Algunos de nosotros aprendemos de Jesús, otros de las palabras de otros.

Diálogo con otras personas que no están presentes: las palabras y las ideas de otras personas que has conocido interactúan con tus propios pensamientos y le dan forma a tus percepciones tanto positiva como negativamente.

Invitación al diálogo

El tipo de diálogo que queremos cultivar en nuestro grupo no es otra palabra para "discusión" o "debate". La discusión es analítica y, por lo general, separa las cosas. En un debate, cada lado busca ganar puntos. El diálogo, por otro lado, es una forma en la que juntos buscamos entendimiento.

El diálogo está destinado a:
- no defender sino preguntar
- no discutir sino explorar
- no para convencer sino para descubrir

Nos escuchamos unos a otros para descubrir lo que se quiere decir. Suponemos que cada miembro del grupo tiene una parte de la respuesta a la pregunta, y que juntos, el grupo puede crear una nueva y mejor respuesta. Celebramos nuevos conocimientos, mayor claridad, y entendimientos más profundos cuando ocurren.

El acuerdo no es el propósito del diálogo. Es importante suspender el juicio sobre las contribuciones de otros. Los desacuerdos pueden verse como una forma diferente de ver un asunto. Los desacuerdos pueden estimular a un grupo a buscar significado y claridad que van más allá de las opiniones contradictorias iniciales.

Cómo usar esta guía

Estas doce sesiones guiarán tu grupo en un diálogo con Pablo y unos con otros a través de poderosos mensajes sobre Dios, Su Hijo Jesús, el Espíritu Santo, la Iglesia y de lo que trata el cristianismo.

Esta guía no podría ser más sencilla de usar. ¡No se requiere de preparación previa ni de estudio! Algunos grupos pueden optar por comenzar cada reunión con oración, o tomar unos minutos para ponerse al día acerca de sus vidas.

Para iniciar tu tiempo de diálogo, tu facilitador o alguien de tu grupo leerá algunos párrafos breves que son una mezcla de resumen y citas directas de la Biblia.

Inmediatamente después de cada sección, encontrarás una pregunta o dos diseñadas para lanzar a tu grupo al diálogo sobre las ideas y cuestiones planteadas en el texto. Tu grupo debe detenerse al final de cada segmento para considerar las preguntas que se plantean antes de pasar al siguiente segmento de texto. Las preguntas se verán así:

> **¿Estás dispuesto a experimentar una transformación espiritual? ¿Por qué sí y por qué no?**

Encontrarás preguntas adicionales al final de cada sesión si tu grupo desea hablar más del tema para reflexión personal.

Planifica una hora más o menos para el diálogo para cada reunión. Algunos grupos han ido mucho más allá de una hora debido a la intensidad y el disfrute del diálogo. El facilitador de tu grupo debe ser sensible al compromiso de tiempo que cada miembro ha hecho para el grupo. Asegúrate de que los miembros del grupo estén de acuerdo en ir más allá del tiempo establecido si el tiempo de discusión extendido parece ser justificado.

Recuerda que el facilitador de tu grupo no está ahí para responder como respondería un hombre o una mujer sino como respondería un entrenador. Cada miembro de tu grupo aporta conocimiento y valor al diálogo a medida que elaboren una respuesta juntos. Tu facilitador ayudará a honrar el compromiso de tiempo de tu grupo y lo guiará a través del material cada semana.

Cerrarás cada sesión con un diálogo en oración. Afirmar que Cristo ha estado contigo mientras compartiste una comida y hablado de Su Historia cada semana, es la base de este tiempo juntos. Los miembros de tu grupo pueden tener necesidades en sus vidas, preguntas e inquietudes planteadas a través del diálogo de la sesión. Esta guía ofrece algunos consejos generales sobre cómo orar conversacionalmente, así como sugerencias sobre cómo dar forma a tu experiencia de oración. La oración puede no ser una disciplina familiar para ti, pero puede ser tan simple como dialogar con un amigo. Y ¡tú lo eres!

Cada persona debe tomar su propia decisión de sí o no convertirse en un seguidor de Jesús. Esta decisión tiene trascendencia eterna. Esperamos y oramos para que tú y tu grupo disfruten su viaje con Pablo iluminando el camino. Que cada miembro sea bendecido, desafiado y animado a medida que considere su guía para convertirse en una nueva creación en Cristo. Entonces, comencemos.

SESIÓN 1

¿CÓMO SE PRESENTÓ PABLO A SÍ MISMO ANTE LOS CRISTIANOS ROMANOS?

Romanos 1:1-32

La carta de Pablo a los cristianos en Roma es una de las más importantes descripciones jamás escritas del Camino de Jesús. Pablo, quien una vez fue celoso perseguidor de la gente del Camino, viajaba a Damasco para capturar herejes cristianos cuando algo extraño sucedió: fue detenido en seco por un deslumbrante estallido de luz que parecía más grande que la luz del sol. El mismísimo Jesús emergió de la luz a cuyos seguidores Pablo estaba persiguiendo. Se dirigió a Pablo por su nombre hebreo: Saulo, y le indicó que continuara su viaje a Damasco, donde se le diría lo que debía hacer. Este encuentro con el Jesús resucitado cambió a Pablo de un perseguidor al apóstol más apasionado del cristianismo primitivo. En ese encuentro, Pablo se convirtió en una nueva creación. Experimentó una relación liberadora con Dios y se sintió llamado a proclamar el ofrecimiento misericordioso de reconcialición de Dios con el mundo.

¿"Quién era este Pablo? Era de Tarso, una ciudad universitaria y centro comercial ubicado en lo que hoy es el sur de Turquía cerca de la costa mediterránea. Eso lo hizo ciudadano del Imperio romano. El padre de Pablo debió haber estado acomodado. Tenía los medios para enviar a su hijo a la escuela en Jerusalén, donde su maestro fue Gamaliel, una autoridad en Ley judía.

Además de su formación religiosa, Pablo aprendió el oficio de fabricar tiendas de campaña, probablemente porque Tarso era un centro para la fabricación de un tejido de pelo de cabra grueso famoso por su durabilidad y que se utilizaba para zapatos, tapetes y revestimientos tales como tiendas de campaña. Este intercambio aseguró que Pablo pudiera ser autosuficiente dondequiera que viajara. Y vaya que viajó.

Su oposición inicial a los seguidores de Jesús de Nazaret fue principalmente en Judea, el territorio alrededor de Jerusalén en lo que es ahora centro y sur de Israel. Pero pronto estuvo de camino a Damasco en Siria para arrestar a los cristianos y llevarlos de regreso a Jerusalén para ser juzgados como herejes y probablemente muerte por lapidación. Después de su conversión, continuó a Damasco donde fue bautizado y comenzó a proclamar las buenas nuevas que Jesús era el Cristo, el Mesías prometido. Su osadía lo llevó a ser amenazado por líderes judíos pero con la ayuda de sus compañeros cristianos, escapó de la ciudad (Hechos 9).

Pablo pasó varios años en "Arabia" (región desértica al sur y al este de Damasco que hoy incluye partes de Siria y Jordania) antes de regresar a Damasco, donde nuevamente huyó de la persecución. Durante esos años en Arabia, Pablo dice que recibió instrucción a través de la revelación del mismo Jesús (Gálatas 1: 11-18). Fue realmente un momento de "desintoxicación" y un período de equipamiento para prepararlo para su ministerio final a los gentiles. Tres años después de su conversión, Pablo regresó a Jerusalén donde predicó y también entró en disputas con los judíos griegos y posteriormente se dirigió de regreso a su ciudad natal de Tarso. Durante los siguientes ocho años permaneció en lo que entonces se conocía como Asia (hoy, Turquía) predicando en pueblos vecinos antes de ser invitado a enseñar en Antioquía, la principal sede del gobierno romano de Siria y la región del Mediterráneo Oriental. Finalmente, 14 años después de su conversión, Pablo inició sus viajes misioneros a lo largo del imperio romano, predicando, enseñando, construyendo tiendas y plantando iglesias. Pasaron otros diez años antes de que escribiera su carta a la iglesia en Roma.

Pablo comienza su carta con la descripción de sí mismo:

Pablo, siervo de Cristo Jesús, llamado a ser apóstol y puesto aparte para el evangelio de Dios - el evangelio que Él prometió de antemano a través de Sus profetas en las Sagradas Escrituras con respecto a Su Hijo, quien en cuanto a Su vida terrenal era un descendiente de David, y quien por el Espíritu de santidad fue designado Hijo de Dios con poder [por Su resurrección de entre los muertos: Jesucristo nuestro Señor. A través de Él recibimos la gracia y el apostolado para llamar a todos los gentiles a la obediencia que proviene de la fe para gloria de Su nombre. Y tú también estás entre esos gentiles que están llamados a pertenecer a Jesucristo.

[Romanos 1:1-6]

> **¿Qué nos dice la presentación de Pablo acerca del hombre y su misión?**

Pablo estaba agradecido por la fe de los de Roma, una fe que se informó en todo el mundo. Oró por ellos, y ahora vio el camino abierto para venir a visitarlos y darles un don espiritual para hacerlos fuertes. Pablo estaba seguro de que tanto él como los cristianos en Roma se animarían por la fe mutua. Cerró su presentación con estas palabras: "no me avergüenzo del evangelio, pues es poder de Dios para la salvación de todos los que creen: de los judíos primeramente, pero también de los gentiles" (Romanos 1:16). Pablo luego agrega que no había excusa para el comportamiento de los que viven sin referencia a Dios el creador, ya que Dios dejó bien en claro cómo vivir diferentemente.

La gente decía ser sabia, pero su comportamiento demostró que eran necios. Habían intercambiado la gloria del Dios inmortal por la vanidad de los seres humanos y los animales. Cambiaron la verdad de Dios por una mentira y adoraron y sirvieron las cosas creadas antes que al Creador.

> **¿Por qué la gente tiene la necesidad de adorar a algo o a alguien?**
>
> **¿Qué es lo que tú adoras? ¿Por qué?**
>
> **¿Qué quiso decir Pablo con "las cualidades invisibles de Dios se han hecho claramente visibles"?**

Pablo pintó un cuadro oscuro de las consecuencias de una "mente depravada": codicia, depravación, envidia, asesinato, contienda, engaño, malicia, chismes, calumnias, insolencia, arrogancia, jactancia y odio a Dios. Es más, aquellos que habían perdido el conocimiento de Dios también eran desobedientes a los padres, insensatos, desleales, desalmados y despiadados. Las mujeres intercambiaron relaciones naturales por antinaturales. Los hombres abandonaron las relaciones naturales con las mujeres y se inflaron de lujuria el uno por el otro. "Cambiaron la verdad de Dios por la mentira, adorando y sirviendo a los seres creados antes que al Creador, quien es bendito por siempre. Amén".

[Romanos 1:27]

> **De acuerdo con Pablo, ¿cuál es la causa fundamental de la "mente depravada" descrita en este pasaje?**
>
> **¿Qué sucede con una sociedad o cultura cuando las consecuencias de las "mentes depravadas" no se controlan?**

Pablo expresó serias preocupaciones sobre la cultura que impregnaba el Imperio Romano, tocando una amplia gama de comportamientos. Más tarde en su carta aborda muchos de estos comportamientos, pero aquí al principio se ocupa de la homosexualidad que fue un problema en el primer siglo en Roma y fue un problema para Pablo. En la Roma del tiempo de Pablo, la homosexualidad era a menudo una expresión de autoridad que los hombres ejercían sobre los muchachos esclavos. Incluso antes de que el cristianismo se convirtiera en una fuerza importante en la cultura romana, los médicos advirtieron a los hombres sobre la homosexualidad por motivos de salud física y mental.

Por su herencia judía, Pablo tenía una visión negativa de la homosexualidad. Su comprensión del amor reflejada en las enseñanzas y relaciones de Jesús también moldearon su perspectiva. Vio las prácticas predominantes de la antigua Roma como inaceptables para los cristianos.

[Romanos 1.24-32]

> **Según Pablo, ¿cómo ve Dios la homosexualidad?**
>
> **¿Cómo deben responder los cristianos de hoy a los puntos de vista de Pablo expresados en este pasaje?**
>
> **¿Cuál es tu opinión sobre un "matrimonio cristiano"?**

PARA MÁS DISCUSIÓN O REFLEXIÓN PERSONAL:

[ROMANOS 1]

¿Cómo crees que debió haber sido pertenecer a la iglesia cristiana primitiva?

¿Se inscribiría para ser miembro de una iglesia como esa?

[ROMANOS 1:16]

¿Alguna vez te has avergonzado del Evangelio? Aclara.

¿Cómo es el Evangelio de Jesús una "buena noticia" para todos los que lo creen?

SESIÓN 2

¿QUÉ ES EL JUSTO JUICIO DE DIOS?

Romanos 2:1-3:20

Después de pintar un cuadro oscuro de la condición de los hombres y mujeres que dan la espalda a Dios, Pablo advierte contra el juzgar a los demás porque los que juzgan hacen las mismas cosas que aquellos a quienes ellos juzgan y así se condenan a sí mismos. ¡No piensen, añade Pablo, que escaparán del juicio de Dios!

"No ves que desprecias las riquezas de la bondad de Dios, de su tolerancia y de su paciencia, al no reconocer que su bondad quiere llevarte al arrepentimiento? Pero por tu obstinación y por tu corazón empedernido sigues acumulando castigo contra ti mismo para el día de la ira, cuando Dios revelará su justo juicio".

[Romanos 2:4,5]

¿Qué significa "arrepentimiento"?

¿Has experimentado la bondad de Dios llevándote al arrepentimiento? Si es así, ¿cómo?

Pablo usa el término "justicia" para identificar la relación correcta con Dios y una forma ética (o correcta) de vivir. La justicia que Dios impartió a través de la muerte y resurrección de Jesús, absuelve a las personas de aquello por lo que son culpables. Ya no están condenados.

Pablo volverá a este tema a lo largo de su carta. También explicará que para que cualquiera de nosotros se beneficie de este absolución, debemos reconocer nuestro pecado, todo lo que hemos hecho violando la ley de Dios—y aceptar la gracia de Dios. Él explicará además que querremos mostrar nuestra gratitud por el don de la justicia amando a nuestros semejantes independientemente de su raza, religión, género o posición en la vida.

En los días de Pablo, la ley judía incluía los Diez Mandamientos y muchos requisitos adicionales. Cuando la misión de la iglesia primitiva se extendió a los no judíos, alguien tuvo que aclarar su relación con las leyes del judaísmo (la religión de los judíos). Pablo hizo eso. Hizo estos puntos.

Uno: Los que simplemente oyen la Ley no son justos a la vista de Dios. Los que obedecen la Ley serán declarados justos. Cuando los Gentiles (no judíos), que no tienen la Ley, hacen lo que la Ley exige, demuestran que los requisitos de la Ley están escrits en sus corazones.

Dos: Ser judío no es nada de lo que se pueda presumir si no andas en la charla de la fe judía. "Un hombre no es judío si sólo lo es exteriormente. . ." (Romanos 2:28). Pablo sermoneó a los judíos miembros de la iglesia cristiana en Roma que si le daban mucha importancia a su relación con Dios basada en su Ley y se sentían capacitados para ser guías de los ciegos, estaban propensos a tropezar en su propia auto-justicia.

> ¿Cuál es al base de una relación justa con Dios?
>
> ¿Disfrutas esa relación ahora? Si es así, ¿cómo?

De acuerdo a la Ley judía en los tiempos de Pablo, todos los varones judíos eran obligados a ser circuncidados. Este rito era un boleto a los rangos oficiales del judaísmo y fue considerado un acto importante de obediencia a la Ley. Pablo les recordó a los cristianos judíos que esto era importante sólo si reflejaba el compromiso interior de los hombres tan marcado. Se trataba del corazón no del cuerpo.

Un hombre era judío, dijo Pablo, si lo era interiormente, y la circuncisión era la circuncisión del corazón, por el Espíritu, no por el código escrito. Pablo añadió estos pensamientos acerca de ser judío cristiano: Hay una ventaja para los judíos que convertirse en cristianos. Se les había encomendado las mismas palabras de Dios (la Biblia hebrea, lo que los cristianos llaman el Viejo Testamento). Esas palabras fueron plantadas en su cultura. Pero Pablo fue claro en que tanto los judíos con su herencia especial y los gentiles sin esa herencia especial por igual no podían alcanzar el llamado de Dios. Así nadie sería declarado justo a la vista de Dios al observar la Ley; más bien, a través de la Ley se toma conciencia del pecado, porque sólo puedes saber que te quedas corto si hay un estándar.

[Romanos 2:6-29]

> Si fueras un cristiano gentil de la iglesia cristiana primitiva, ¿cómo te sentirías acerca de vivir de acuerdo al código legal del judaísmo (que, además de los Diez Mandamientos, se incluyeran decenas de reglas sobre los tipos de alimentos que se pueden comer, ropa que se puede usar, etc.)?
>
> ¿Qué significa que la Ley esté escrita en el corazón?
>
> ¿Qué formas externas de religión hoy en día se comparan con la circuncisión?
>
> Si la Verdad de Dios ha sido plantada en nuestra cultura, ¿qué responsabilidades tenemos para eso?

Pablo recurre a su conocimiento de los escritos judíos para mostrar que lo que dice no es una idea nueva, sino un tema recurrente en los escritores antiguos. "«No hay un solo justo, ni siquiera uno; no hay nadie que entienda, nadie que busque a Dios" (Romanos 3:10). Él resume su cita de Salmos y Eclesiastés explicando que nadie puede vivir al pie de la letra de la Ley, pero que la Ley es útil porque hace que tomemos conciencia de nuestro pecado.

[Romanos 3:1-20]

PARA MAYOR DISCUSIÓN O REFLEXIÓN PERSONAL:

[ROMANOS 2:1-3:20]

¿Por qué centrarse en las formas externas de la práctica religiosa es tan atrayente?

¿Qué marcas en tu propia vida reflejan tu compromiso interno con Dios?

¿Cómo evaluarías el equilibrio entre las formas externas de la práctica religiosa y el compromiso interno en tu propia vida?

¿Qué evidencia hay de que la Verdad de Dios ha sido plantada en nuestra cultura?

Si la Verdad de Dios ha sido plantada en nuestra cultura, ¿qué responsabilidades tenemos para eso?

SESIÓN 3

¿CUÁL ES LA FORMA DE SER HECHOS JUSTOS DELANTE DE DIOS?

Romanos 3:21-4:25

Para los judíos, la justicia que viene de Dios procedía de la estricta observancia de la Ley. ¡Esta no fue una muy buena noticia porque la perfecta observancia de la Ley no sólo era onerosa sino imposible! Pablo encontró en Jesús la Buena Nueva sobre una justicia que viene de Dios.

"Pero ahora, sin la mediación de la ley, se ha manifestado la justicia de Dios, de la que dan testimonio la ley y los profetas. Esta justicia de Dios llega, mediante la fe en Jesucristo, a todos los que creen. De hecho, no hay distinción".

[Romanos 3:21,22]

Cuando Pablo explica esta justicia, incorpora cuatro términos que una vez entendidos ayudan a iluminar su escritura. Estas definiciones están adaptadas del *Libro de palabras teológicas de la Biblia* por Alan Richarson:

Justificar/Justificación — la justificación es el primer paso en el proceso de salvación, esa primera reconciliación con Dios que es el comienzo de un crecimiento constante en la gracia y en el conocimiento de Dios. Es ese arreglo inmediato con Dios lo que es logrado por la gracia de Dios cuando una persona tiene fe.

Gracia — el amor redentor de Dios que siempre está activo para salvar pecadores y mantener su relación con Dios. La gracia es el pacto de amor de Dios, que ha derribado todas las barreras. La gracia es un don gratuito de Dios.

Redimir/Redención — Este término proviene de la práctica de volver a comprar algo que antes pertenecía al comprador pero por alguna razón pasó fuera de su posesión. También transmite la idea de pagar el precio requerido para asegurar un beneficio y viene de la misma raíz que la palabra rescate. En el Nuevo Testamento, la redención resulta en limpieza de la culpa y liberación del poder del pecado. Eso trae el conocimiento del perdón y lo libera a uno de la alienación con Dios.

Expiación — una cobertura de los pecados mediante la cual son tratados como inexistentes y el pecador como si no los hubiera cometido. La fe en Dios por medio de Jesucristo extrae la raíz del pecado y libera el proceso de sanidad.

"Pues todos han pecado y están privados de la gloria de Dios, pero por su gracia son justificados gratuitamente mediante la redención que Cristo Jesús efectuó". Pablo añadió: "Dios lo ofreció como un sacrificio de expiación que se recibe por la fe en su sangre, para así demostrar su justicia. Anteriormente, en su paciencia, Dios había pasado por alto los pecados; pero en el tiempo presente ha ofrecido a Jesucristo para manifestar su justicia. De este modo Dios es justo ... justifica a los que tienen fe en Jesús".

"Porque sostenemos que todos somos justificados por la fe, y no por las obras que la ley exige". Por "Ley" Pablo se refería tanto a las normas de comportamiento que Dios dio a través de Moisés como también la distorsión de esa Ley cuando se utilizó como base para la auto-justicia. "Pues no hay más que un solo Dios. Él justificará por la fe a los que están circuncidados y, mediante esa misma fe, a los que no lo están. ¿Quiere decir que anulamos la ley con la fe?

¡De ninguna manera! Más bien, confirmamos la ley".

Pablo escribió esto en el contexto de un serio conflicto en muchas de las primeras congregaciones cristianas sobre si los cristianos estaban obligados a guardar la Ley. Él sufrió considerable abuso por parte de cristianos judíos que creían que Dios exigía que los cristianos observaran las tradiciones del judaísmo (la Ley).

[Romanos 3:21-31]

> ¿Qué quiso decir Pablo cuando dijo que la justicia de Dios justifica a los que tienen fe en Jesús?
>
> ¿Qué significaba ser cristiano para Pablo?
>
> ¿En qué medida crees que el cristianismo se basa en la fe en Cristo, y en qué medida se basa en el comportamiento (es decir, obediencia a las leyes de Dios)?
>
> ¿Cómo influye tu creencia en tu vida cotidiana?

Abraham fue el antepasado de los judíos, un hombre llamado "amigo de Dios." ¿Fue Abraham justificado (hecho justo delante de Dios) por obras—por sus buenas obras? Pablo dijo: "No". Más bien: "Abraham creyó a Dios, y le fue contado por justicia".

Pablo citó un salmo de David. "Dichoso aquel a quien se le perdonan sus transgresiones, a quien se le borran sus pecados. Dichoso aquel a quien el Señor no toma en cuenta su maldad y en cuyo espíritu no hay engaño" (Salmo 32:1-2). Pablo citó al rey David como uno de los que encontró la base para la salvación en la gracia de Dios en lugar de obras basadas sobre la obediencia a la Ley. Pablo les dijo a los cristianos en Roma que Abraham fue el padre no sólo de los judíos sino que Abraham es el padre de todos los que creen.

[Romanos 4:1-12]

Luego, Pablo hizo una afirmación que debe haber escandalizado a los judíos cristianos. No fue a través de la Ley que Abraham y su descendencia recibieron la promesa de que sería heredero del mundo, sino por la justicia que viene por la fe.

Pablo recordó a sus lectores que Abraham fue llamado a ser el padre de muchas naciones cuando era muy anciano (99) y su esposa Sarah estaba mucho más allá de la edad normal de procrear (89). Tomó un gran acto de fe para Abraham creer que Dios podía otorgar la promesa de ampliar su familia en esa etapa de su vida.

"Contra toda esperanza, Abraham creyó y esperó, y de este modo llegó a ser padre de muchas naciones". Pablo añadió que Abraham era completamente persuadido de que Dios tenía poder para hacer lo que había prometido. Su fe le fue contada por justicia.

Pablo luego afirmó que la misma relación con Dios está disponible para cada uno de nosotros. "Dios tomará en cuenta nuestra fe como justicia, pues creemos en aquel que levantó de entre los muertos a Jesús nuestro Señor - y resucitó para nuestra justificación".

[Romanos 4:13-25]

Pablo concluyó que la promesa que Dios le hizo a Abraham vino por fe para que fuera por gracia (don gratuito aparte de la obediencia a la Ley). Abraham es el padre de todos nosotros—los que somos de la Ley y los que somos de la fe.

> **Si Abraham y David fueron justificados por la fe y no por obras, ¿por qué Jesús necesitaba aparecer y expiar nuestro pecado?**
> ¿Qué significa tener una fe confiada en Dios?
> ¿Qué consideras como base de tu justa relación con Dios?

PARA MAYOR DISCUSIÓN O REFLEXIÓN PERSONAL:

[ROMANOS: 3-23]

Si solo hay un Dios, ¿todas las religiones conducen a Dios?

¿Por qué sí o por qué no?

¿En qué medida crees que el cristianismo se basa en la fe en Cristo, y en qué medida se basa en el comportamiento (es decir, obediencia a las leyes de Dios)?

[ROMANOS 4]

Judíos, musulmanes y cristianos son descendientes de Abraham.

¿Cómo explicas la aparente falta de unidad entre estos descendientes hoy?

¿Cuáles parecen ser las principales diferencias de la "fe" expresadas por estos tres grupos religiosos?

¿Cuál debería ser la relación hoy entre los descendientes de Abraham?

Pablo escribió que la fe se cuenta como justicia. ¿Qué significa esto?

¿Dónde encaja la esperanza con su fe en Dios?

SESIÓN 4

¿QUÉ PROVIENE DE TENER PAZ PARA CON DIOS?
[Romanos 5:1-21]

Habiendo demostrado en los capítulos 1-4 que el hombre es justificado, (traído a la justicia con Dios) a través de la fe, Pablo declara: "También por medio de él, y mediante la fe, tenemos acceso a esta gracia en la cual nos mantenemos firmes". Esta paz, o reconciliación con Dios, tuvo un gran precio".

A la verdad, como éramos incapaces de salvarnos, en el tiempo señalado Cristo murió por los malvados. Difícilmente habrá quien muera por un justo, aunque tal vez haya quien se atreva a morir por una persona buena. Pero Dios demuestra su amor por nosotros en esto: en que cuando todavía éramos pecadores, Cristo murió por nosotros".

[Romanos 5:1-8]

¿Qué significa tener "paz para con Dios"?

"Porque si, cuando éramos enemigos de Dios, fuimos reconciliados con él mediante la muerte de su Hijo, ¡con cuánta más razón, habiendo sido reconciliados, seremos salvados por su vida!"

> ¿Cómo éramos enemigos de Dios?
>
> ¿Qué significa que fuimos reconciliados con Dios?
>
> ¿Qué signifca ser salvos por su vida?

Pablo muestra cómo la muerte entró en el mundo por el pecado del primer hombre, Adán, y cómo esa muerte afecta a todos los nacidos desde ese momento. Contrasta esa muerte con la vida traída a través de la muerte de Jesús. "Porque así como por la desobediencia de uno solo muchos fueron constituidos pecadores, también por la obediencia de uno solo (Jesús) muchos serán constituidos justos.

[Romanos 5:9-19]

> ¿Qué relación sientes entre la muerte de Cristo y tu experiencia del amor de Dios?

Podemos regocijarnos en Dios por medio de nuestro Señor Jesucristo a través quien ahora hemos sido reconciliados. El pecado reinó en la muerte. La gracia reina a través de la justicia. Esto trae vida eterna a través de Jesucristo nuestro Señor.

[Romanos 5:20, 21]

PARA MAYOR DISCUSIÓN O REFLEXIÓN PERSONAL:

[ROMANOS 5:1-5]

¿Por quién estarías dispuesto a morir? ¿Por qué?

¿Tienes paz para con Dios? Si es así, describe lo que significa en tu vida.

¿Ha habido momentos en que tu sufrimiento produjo ¿perseverancia? ¿Cómo se sintió eso?

SESIÓN 5

¿QUÉ ES LO QUE IMPULSA LA TRANSFORMACIÓN SPIRITUAL?

Romanos 6:1-23

¿Qué concluiremos? ¿Vamos a persistir en el pecado para que la gracia abunde? ¡De ninguna manera! Nosotros, que hemos muerto al pecado, ¿cómo podemos seguir viviendo en él?" Pablo comienza el capítulo 6 con una serie de preguntas que demandan respuestas de cada creyente. "¿Acaso no saben ustedes que todos los que fuimos bautizados para unirnos con Cristo Jesús en realidad fuimos bautizados para participar en su muerte? Por tanto, mediante el bautismo fuimos sepultados con él en su muerte, a fin de que, así como Cristo resucitó por el poder del Padre, también nosotros llevemos una vida nueva".

[Romanos 6:1-4]

> ¿De qué gracia está hablando Pablo?
>
> ¿Cómo es que el pecar más incrementaría esta gracia?
>
> ¿Por qué Pablo condena esta idea?

Pablo implora a los romanos entender que ellos están unidos a Cristo en la muerte y que entonces no deberían ser esclavos del pecado – "porque el que muere queda liberado del pecado". Explicando que Cristo ya ha muerto por nuestros pecados, Pablo escribe: "Por lo tanto, no permitan ustedes que el pecado reine en su cuerpo mortal, ni obedezcan a sus malos deseos. No ofrezcan los miembros de su cuerpo al pecado como instrumentos de injusticia; al contrario, ofrézcanse más bien a Dios como quienes han vuelto de la muerte a la vida, presentando los miembros de su cuerpo como instrumentos de justicia. Así el pecado no tendrá dominio sobre ustedes, porque ya no están bajo la ley, sino bajo la gracia".

[Romanos 6:5-14]

> ¿Es una elección permitir que el pecado sea tu amo? ¿Cómo afecta a esa elección el dar nuestras vidas a Cristo?

Pablo vuelve a hacer la pregunta que hizo al principio de este capítulo que contrasta la vida bajo la ley con la vida bajo la gracia. Él responde evocando la imagen de la esclavitud, o lo que podríamos pensar como servidumbre voluntaria por contrato. "Cuando se entregan a alguien para obedecerlo, son esclavos de aquel a quien obedecen - ya sea del pecado que lleva a la muerte, o de la obediencia que lleva a la justicia". Pablo quiere que cristianos romanos así como todos los seguidores de Cristo entiendan que han sido liberados del pecado y en su lugar han optado por convertirse en personas que viven en una posición correcta delante de Dios.

[Romanos 6:15-18]

> ¿Cómo es que obedecer la ley hace a uno esclavo de la ley?

"Hablo en términos humanos, por las limitaciones de su naturaleza humana. Antes ofrecían ustedes los miembros de su cuerpo para servir a la impureza, que lleva más y más a la maldad; ofrézcanlos ahora para servir a la justicia que lleva a la santidad. Cuando ustedes eran esclavos del pecado, estaban libres del dominio de la justicia. ¿Qué fruto cosechaban entonces? ¡Cosas que ahora los avergüenzan y que conducen a la muerte! Pero ahora que han sido liberados del pecado y se han puesto al servicio de Dios, cosechan la santidad que conduce a la vida eterna".

> **¿Qué cosas en tu vida te han causado vergüenza?**
>
> **¿Cómo has sido liberado de esa vergüenza?**

Pablo cierra este capítulo con uno de los versículos de la Biblia más desafiantes y al mismo tiempo más útiles: "Porque la paga del pecado es muerte, mientras que la dádiva de Dios es vida eterna en Cristo Jesús, nuestro Señor".

[Romanos 6:19-23]

> **¿Por qué Pablo compara la paga con una dádiva?**

PARA MAYOR DISCUSIÓN O REFLEXIÓN PERSONAL:

[ROMANOS 6:1-25]

¿Qué significa estar unidos a Cristo en su resurrección?

¿Qué significa estar vivo para Dios en Cristo Jesús?

[ROMANOS 6:3]

¿Por qué el bautismo es como morir con Cristo?

¿Es el bautismo un requisito para ser cristiano? ¿Por qué sí o por qué no?

[ROMANOS 6:22, 23]

¿Cómo te ves pasando de la "esclavitud del pecado" a una servidumbre voluntaria de contrato para la justicia? ¿Cómo es esto?

SESIÓN 6

¿CUÁL ES LA RELACIÓN ENTRE LA LEY Y EL PECADO?

Romanos 7:1-8:16

Aquellos que están en la esclavitud del pecado, son a menudo los que les dicen a los cristianos que son los creyentes los que están en cautiverio. Parecen pensar que un conjunto de normas y reglamentos restringen la libertad de los cristianos. Tal es el efecto cegador del pecado. Los que se dedican a una vida de pecado son esclavos de las cosas que piensan que disfrutan. Desde su perspectiva, malinterpretan la verdadera libertad que se realiza al poner la fe en Cristo como Salvador y Señor. Esta mentira sutil de Satanás hará que muchos rechazen a Cristo; la única fuente de verdadera libertad.

En la cultura de Pablo, una mujer casada estaba atada a su esposo mientras él viviera, pero si su marido moría, ella quedaba en libertad de la ley del matrimonio. Pablo transmitió a través de esta analogía que una vez estuvimos casados con el pecado, pero cuando el poder del pecado murió fuimos liberados para casarnos con otro y, en este caso, mejor cónyuge, Jesús: el Cristo. "Así mismo, hermanos míos, ustedes murieron a la ley mediante el cuerpo crucificado de Cristo, a fin de pertenecer al que fue levantado de entre los muertos. De este modo daremos fruto para Dios".

Para Pablo, era importante que la vieja vida cargada de pecado y refrenada por las restricciones del legalismo fueran puestas en descanso. Entonces los poderes renovadores de la gracia y la libertad del amor redentor que emergen del vínculo con Cristo podrían forjar creyentes en nuevas criaturas y convertirse en aquello para lo que Dios los creó.

[Romanos 7:1-13]

> ¿Qué significa "pertenecer" a Jesús?
> Si te has unido a Jesús, ¿de qué has sido liberado?
> ¿Qué se entiende por la libertad del amor redentor?

John Knox en *"La Biblia del Intérprete"* escribió: "Gran parte de los Romanos se ocupa de exponer la naturaleza de la nueva vida. El término clave es 'Espíritu'. La nueva vida es vida espiritual: es la propia vida de Dios impartida a nosotros, y por lo tanto nuestra propia vida verdadera, ya que en el principio nos hizo al soplar su Espíritu sobre nosotros. Este Espíritu, que es amor, trae la reconciliación por dentro y por fuera, o lo que Pablo llama 'paz'. El Espíritu también trae poderoso refuerzo a nuestro propio 'espíritu' para que seamos capaces de triunfar sobre los deseos pecaminosos de la carne y saber algo del orden original y la paz de la creación de Dios."

> Si deseas transmitir a otra persona el más profundo significado de la analogía del matrimonio de Pablo, ¿cómo describirías los beneficios de este vínculo con Jesús?
>
> ¿Qué "fruto para Dios" podríamos dar como resultado de este vínculo con Jesús?

Pablo fue alumno de los rabinos del judaísmo ortodoxo. Su visión del pecado reflejaba sus enseñanzas. Ellos enseñaron que estamos sujetoa a una inclinación dada por Dios que puede conducir al bien o al mal. Si no estaba dirigida por una voluntad informada por la ley de Dios, esta inclinación estaría dirigida por la voluntad que conduce al pecado. Esta inclinación es una energía básica o un deseo presente en todos. En el siguiente segmento, Pablo describió el conflicto que experimentamos cuando esta inclinación no está alineada con la voluntad de Dios.

"Pues no hago lo que quiero, sino lo que aborrezco". La ley de Dios proporciona un estándar por el cual esta inclinación puede ser controlada y dirigida. Cuando somos uno con el Cristo por fe, estamos alineados con la voluntad de Dios y alejados de nuestra inclinación al pecado. Esta transformación no se produce como acto racional de la voluntad, sino como un don de la gracia de Dios por Jesús, el Ungido de Dios. A través de Él esta poderosa inclinación es llevada a la armonía e integralidad. Pablo resume esta armonización del continuo dilema: ¡Gracias a Dios por medio de Jesucristo nuestro Señor! En conclusión, con la mente yo mismo me someto a la ley de Dios, pero mi naturaleza pecaminosa está sujeta a la ley del pecado".

[Romanos 7:14-25]

> ¿Cómo uno se reconcilia siendo un esclavo de dos maestros: la ley de Dios y la ley del pecado?

Los que viven conforme a su naturaleza pecaminosa tienen sus mentes puestas en lo que esa naturaleza desea; pero los que viven conforme al Espíritu tienen la mente puesta en lo que el Espíritu desea. "El Espíritu mismo le asegura a nuestro espíritu que somos hijos de Dios". Pablo proclamó que no sólo somos rescatados del pecado y de la muerte si no que tenemos el Espíritu de Dios dentro de nosotros y que somos hijos de Dios—herederos de Dios y coherederos con Cristo. Si compartimos los sufrimientos de Cristo, compartimos también en su gloria.

[Romanos 8:1-16]

> **¿Cómo sabes si el Espíritu de Dios vive en tu y cuándo?**
>
> **¿Qué significa compartir la gloria de Dios?**

PARA MAYOR DISCUSIÓN O REFLEXIÓN PERSONAL:

[ROMANOS 8:5-8]

¿Cómo describirías la "mentalidad" que guía tu vida?

¿Cómo se logra la armonía en un grupo de personas con diferentes mentalidades?

¿Qué crees que haya altareado la armonía en la congregación de Roma de lo que has oído de Pablo hasta este momento?

[ROMANOS 7:1 - 8:16]

¿Tienes una nueva comprensión de lo que Pablo quiso decir con ser cristiano? Si es así, ¿Cuál es?

[ROMANOS 8:14]

¿Qué significa ser hijos de Dios?

¿Te sientes un hijo de Dios? Si es así, ¿qué significa eso para ti?

¿Cómo debe influir en los cristianos esta imagen de la familia de Dios?

SESIÓN 7

¿CÓMO COMPARTIMOS LA GLORIA DE CRISTO?

Romanos 8:17-39

Mirando retrospectivamente en Romanos 7 vemos que la Ley y sus sinónimos se mencionan más de 30 veces, y el Santo Espíritu sólo una vez (en el versículo 6). Por el contrario, en Romanos 8, Pablo pone la mayor parte de su énfasis en la obra del Espíritu. Él muestra cómo la ley es débil en comparación con el poder del Espíritu. Ahora Pablo desvía su atención de la obra del Espíritu Santo en el presente para la gloria de los hijos de Dios en el futuro.

Pablo declaró que nuestros sufrimientos presentes no son nada en comparación con la gloria que será revelada en nosotros. La creación será liberada de su esclavitud de la corrupción y llevada a la gloriosa libertad de los hijos de Dios. El erudito del Nuevo Testamento J.B. Phillips capturó el espíritu de Pablo en su traducción. "Toda la creación está de puntillas para ver la maravillosa vista de los [hijos] de Dios entrando en lo suyo".

> - Tenemos todas las razones para tener esperanza.
> - El Espíritu nos ayudará en nuestra debilidad.
> - El Espíritu nos ayudará a orar por lo que debemos orar.
> - Dios obra para el bien de los que le aman, los que son llamados según su propósito.

[Romanos 8:18, 28]

> Pablo dijo que Dios obra para el bien de los que le aman y que son llamados conforme a su propósito. ¿Te sientes llamado según el propósito de Dios? Si es así, describe el sentimiento.
>
> ¿Has descubierto el propósito por el cual fuiste creado? Si es así, ¿qué es y cómo lo descubriste?

Ahora debemos tratar con una sección difícil de la carta de Pablo que ha causado considerable discusión y debate. Gente sincera toma diferentes lados de lo que significan estas palabras. Manten el cuadro completo de lo que Pablo pinta en mente. "Porque a los que Dios conoció de antemano, también los predestinó a ser transformados según la imagen de su Hijo, para que él sea el primogénito entre muchos hermanos. A los que predestinó, también los llamó; a los que llamó, también los justificó; y a los que justificó, también los glorificó".

Varios de los términos que Pablo usó en este pasaje han sido interpretados de diferentes maneras, lo que hace que la claridad sobre el tema sea un verdadero desafío. Entre estos están la predestinación, la elección y predestinación. Cuando Dios habla a través de las Escrituras, el yo de Dios y la Verdad de Dios se revelan a través de múltiples canales para dejar claro lo que se quiere transmitir. Para entender lo que Dios quiso decir debemos mirar estas palabras de Pablo en el contexto de otras palabras que escribió. Para obtener una perspectiva sobre lo que Pablo deseaba transmitir, ten en cuenta lo que reveló en segmentos anteriores de su carta y lo que descubrirás en los segmentos posteriores.

> ¿Qué preguntas te gustaría hacerle a Pablo acerca del pasaje anterior?

Algunos estudiosos de la Biblia adoptan la posición de que Dios escoge a algunos para compartir la herencia en Cristo mientras que otros no están en esa lista de invitados. Otros toman la posición que Dios quiere que todos experimentemos la aceptación (por gracia por la fe) aclarada en la vida, sacrificio y expiación muerte y resurrección triunfal de Jesús, Hijo de Dios y Ungido.

La venida de Jesús fue para hacer explícita la profundidad e inclusividad del amor de Dios. Judíos y gentiles por igual están incluidos. Los que respondan serán transformados a la semejanza de Cristo. Dios también nos dotó con la libertad de decir: "¡No, gracias!" y forjar nuestro propio enfoque de una vida que ignora el Señorío de Dios.

> ¿Sientes que estás en la lista de invitados de Dios? ¿Basado en qué?
>
> ¿Qué papel tiene la libertad de aceptar o no aceptar el que Dios nos haya aceptado en Su plan de salvación?

Lo que Pablo escribió a continuación nos ayuda a obtener una perspectiva: "¿Quién nos apartará del amor de Cristo? ¿La tribulación, o la angustia, la persecución, el hambre, la indigencia, el peligro, o la violencia? Sin embargo, en todo esto somos más que vencedores por medio de aquel que nos amó".

> ¿Qué es lo que nosotros que somos "más que vencedores" tenemos que conquistar?
>
> ¿Cuándo has sentido que eres "más que un vencedor" por medio de Jesucristo?

Pablo, en una de las afirmaciones más poderosas de sus cartas, declara que nada nos puede separar del amor de Dios.

"Pues estoy convencido de que ni la muerte ni la vida, ni los ángeles ni los demonios, ni lo presente ni lo por venir, ni los poderes, ni lo alto ni lo profundo, ni cosa alguna en toda la creación podrá apartarnos del amor que Dios nos ha manifestado en Cristo Jesús nuestro Señor".

[Romanos 8:38-39]

PARA MAYOR DISCUSIÓN O REFLEXIÓN PERSONAL:

[ROMANOS 8:18-21]

¿Qué significa "la gloriosa libertad de los hijos de Dios"?

¿Qué significa la liberación de la creación de la esclavitud de la corrupción?

[ROMANOS 8:26]

Pablo dijo que el Espíritu nos ayudará en nuestra debilidad. ¿Te ha ayudado el Espíritu en tu debilidad? Si es así, ¿cómo?

[ROMANOS 8:38,39]

¿Qué es lo que se necesita para que sientas que nada puede separarte jamás del amor de Dios?

[ROMANOS 8]

¿Cuál sería el impacto en la sociedad en la que vives si las congregaciones cristianas reflejaran la vida triunfante que Pablo describió?

SESIÓN 8

¿HAY ESPERANZA PARA LOS JUDÍOS?

Romanos 9:1-10:4

La preocupación de Pablo sobre el papel de los judíos en el plan de Dios fue personal. No sólo era él, como la mayoría de los primeros creyentes, un judío de nacimiento y por educación sino también un judío erudito y fanático del judaísmo. A mediados del siglo I muchos de los cristianos estaban esparcidos por todo el mundo. Muchos judíos líderes, incluido Pablo, vieron en los primeros creyentes una amenaza para su religión histórica, basada en la ley. Pablo testificó con aprobación la ejecución por lapidación de Esteban, apasionado predicador del Evangelio de Jesús. Los líderes religiosos pusieron a Pablo a cargo de acabar con esta herejía cristiana, pero Pablo se hizo seguidor de Cristo. Ahora él mira con dolor y gran preocupación a sus hermanos judíos que no han decidido seguir a Jesús.

"Desearía yo mismo ser maldecido y separado de Cristo por el bien de mis hermanos, los de mi propia raza, el pueblo de Israel. De ellos son la adopción como hijos, la gloria divina, los pactos, la ley, el privilegio de adorar a Dios y el de contar con sus promesas. De ellos son los patriarcas, y de ellos, según la naturaleza humana, nació Cristo, quien es Dios sobre todas las cosas. ¡Alabado sea por siempre! Amén."

[Romanos 9:1-5]

> Los judíos y los cristianos adoran a Dios de diferentes formas. ¿Cómo crees que Dios prefiera ser adorado?

Pablo afirmó que sucedieron cosas en la historia de los judíos para que el propósito de Dios en la elección se mantuviera. Les recordó que la promesa de Dios a Abraham fue cumplida a través de su hijo, Isaac. Cuando la esposa de Isaac dio a luz mellizos, fue el segundo en nacer que Dios escogió para llevar a cabo la promesa, cambiando el nombre de ese hijo de Jacob a Israel. Pablo escribe de la madre de Jacob: "También sucedió que los hijos de Rebeca tuvieron un mismo padre, que fue nuestro antepasado Isaac. Sin embargo, antes de que los mellizos nacieran, o hicieran algo bueno o malo, y para confirmar el propósito de la elección divina, no en base a las obras, sino al llamado de Dios, se le dijo a ella: 'El mayor servirá al menor'. Y así está escrito: 'Amé a Jacob, pero aborrecí a Esaú'".

[Romanos 9:6-13]

> ¿Cómo reconciliamos la idea de que los humanos tienen libre albedrío con que Dios toma decisiones en representación nuestra?

Pablo también les recordó a los romanos que Dios le dijo a Moisés: "Tendré clemencia de quien yo quiera tenerla, y seré compasivo con quien yo quiera serlo" (Éxodo 33:19). Y explicó que "no depende del deseo ni del esfuerzo humano, sino de la misericordia de Dios". Luego citó Éxodo nuevamente para mostrar la soberanía de Dios cuando el faraón, el rey de Egipto, recibió la Palabra de

Dios: "Te he levantado precisamente para mostrar en ti mi poder, y para que mi nombre sea proclamado por toda la tierra." (Éxodo 9:16).

> ¿Promovió Dios malas acciones contra Egipto?
> ¿Sería eso ir contra la naturaleza de Dios?

Pablo concluyó que así como el alfarero tiene derecho a hacer cerámica para usos nobles y comunes, así Dios tenía el derecho de conceder a los gentiles una justicia basada en su fe y para permitir que Israel (los judíos) siguieran un curso basado en obras – a pesar de que ese curso de acción resultó ser una piedra de tropiezo.

[Romanos 9:14-22]

> ¿Qué pueden aprender los cristianos de la historia de los judíos?
>
> ¿Es el plan de salvación de Dios diferente para los judíos que para los gentiles? ¿Cómo respondería Pablo a esa pregunta?

PARA MAYOR DISCUSIÓN O REFLEXIÓN PERSONAL:

[ROMANOS 9]

Si un judío tratara de ganarte para el judaísmo, ¿cómo responderías?

¿Dios ve a los judíos o a los cristianos como un "pueblo elegido"?

¿Por qué sí o por qué no?

¿Tienen los cristianos alguna responsabilidad de proteger el Estado judío de Israel? ¿Por qué?

SESIÓN 9

¿CÚAL ES EL MENSAJE DE SALVACIÓN PARA TODOS?

Romanos 10:1-11:36

"Hermanos, el deseo de mi corazón, y mi oración a Dios por los israelitas, es que lleguen a ser salvos. Puedo declarar en favor de ellos que muestran celo por Dios, pero su celo no se basa en el conocimiento. No conociendo la justicia que proviene de Dios, y procurando establecer la suya propia, no se sometieron a la justicia de Dios. De hecho, Cristo es el fin de la ley, para que todo el que cree reciba la justicia".

[Romanos 10:1-4]

Pablo expone su tesis y luego la defiende en los capítulos 10 y 11. La palabra de fe proclamada por Pablo es esta: "Que, si confiesas con tu boca que Jesús es el Señor y crees en tu corazón que Dios lo levantó de entre los muertos, serás salvo". Para que no haya ninguna duda, Pablo reitera en el versículo 13: Porque «todo el que invoque el nombre del Señor será salvo»".

> ¿Qué significa ser salvo?

Entonces Pablo preguntó: "Ahora bien, ¿cómo invocarán a aquel en quien no han creído? ¿Y cómo creerán en aquel de quien no han oído? ¿Y cómo oirán si no hay quien les predique?" Pablo citó al profeta Isaías: "¡Qué hermoso es recibir al mensajero que trae buenas nuevas!"Quería recordar a los cristianos romanos que al pueblo judío se le había dado muchas oportunidades de escuchar y responder al llamado de Dios, pero fracasó en hacerlo. Pablo citó un lamento de los escritos de Isaías: "Todo el día extendí mis manos hacia un pueblo rebelde, que va por mal camino, siguiendo sus propias ideas" (Isaías 65:2).

[Romanos 10:5-21]

> ¿Eres capaz de decir: "Jesús es el Señor"? Aclara lo que esto significa para ti.

¿Dios rechazó a su pueblo? ¡De ninguna manera! A pesar de que resistido la guía de profetas como Isaías, Dios escogió un remanente – una parte del pueblo que permaneció fiel. A lo largo de la historia, Dios encontró a aquellos que entendían la Verdad divina. Dios usó incluso la resistencia de los judíos para expandir el alcance del evangelio a los gentiles. Pablo escribió que la pérdida de los judíos significaba riquezas para los gentiles, y añadía: "¡cuánto mayor será la riqueza que su plena restauración producirá!".

[Romanos 11:1-12]

> ¿Qué quiso decir Pablo con "cuánto mayor será la riqueza que su plena restauración producirá"?

Al abrir el camino de la justicia a los gentiles, Dios pudo despertar a su propio pueblo (los judíos) a seguir ese camino. Si el rechazo de los judíos al Camino condujo a la reconciliación del mundo, ¿a qué hubiera podido conducir su aceptación? Israel experimentó un endurecimiento hasta que los gentiles fueron facultados por el evangelio para ser parte del pueblo escogido de Dios. Pero ahora: "Todo Israel será salvo". Los dones de Dios y el llamado de Dios son irrevocables.

[Romanos 11:13-26]

> **¿Cuál es el entendimiento de Pablo sobre la estrategia de Dios para salvar al mundo?**

Pablo concluye esta sección de su carta con una doxología o breve himno de alabanza a Dios. Toma prestadas frases de escritores del Antiguo Testamento para animar a la iglesia en Roma.

¡Qué profundas son las riquezas de la sabiduría y del
    conocimiento de Dios!
¡Qué indescifrables sus juicios
    e impenetrables sus caminos!
«¿Quién ha conocido la mente del Señor,
    o quién ha sido su consejero?»
«¿Quién le ha dado primero a Dios,
    para que luego Dios le pague?»
Porque todas las cosas proceden de él, y existen por él y para él.
    ¡A él sea la gloria por siempre! Amén.

[Romanos 11:33-36]

> **¿Qué pensamientos y sentimientos te vienen a la mente cuando lees esta doxología de hace 2000 años?**

PARA MAYOR DISCUSIÓN O REFLEXIÓN PERSONAL:

[ROMANOS 10:12,13]

¿Cómo habrían respondido los miembros de la iglesia romana a la afirmación de Pablo: que "no hay diferencia entre judíos y gentiles, pues el mismo Señor es Señor de todos y bendice abundantemente a cuantos lo invocan, (como ha escrito el profeta judío Joel) porque «todo el que invoque el nombre del Señor será salvo»"?

[ROMANOS 10]

¿Cómo se vería una iglesia que demostrara con efectividad las Buenas Nuevas de Dios?

¿Te gustaría ser miembro de una iglesia así? ¿Por qué sí o por qué no?

¿Qué fuerzas impiden que las iglesias demuestren con efectividad las Buenas Nuevas de Dios?

[ROMANOS 11:1-5]

¿Qué "remanentes" (antes y después de Cristo) mantuvieron la fe?

[ROMANOS 11:25-36]

¿Cuándo esperaba Pablo que "todo Israel [sería] salvo"?

¿Te sentirías cómodo discutiendo estos puntos de vista de Pablo con tus amigos judíos? ¿Por qué sí o por qué no?

SESIÓN 10

¿A QUÉ ES LO QUE NOS LLAMA EL AMOR SINCERO?

Romanos 12:1-13:14

Pablo llamó a los romanos, y por extensión a todos los seguidores de Cristo, a responder al acto de amor misericordioso de Dios. "Les ruego que cada uno de ustedes, en adoración espiritual, ofrezca su cuerpo como sacrificio vivo, santo y agradable a Dios", escribió Pablo. Luego explicó sobre el sacrificio vivo: "No se amolden al mundo actual, sino sean transformados mediante la renovación de su mente. Así podrán comprobar cuál es la voluntad de Dios, buena, agradable y perfecta".

[Romanos 12:1-2]

> ¿Qué crees que Pablo quiso decir cuando dijo "sean transformados mediante la renovación de su mente"?
>
> ¿Te sientes transformado mediante renovación de tu mente? Si es así, ¿qué te llevó a esa transformación?
>
> ¿Qué sucede si le permitimos al mundo que nos conforme a su patrón?

Pablo siguió su llamado de un sacrificio vivo estableciendo un código de comportamiento que está en armonía con las enseñanzas de Jesús. También cita pasajes del Antiguo Testamento para resaltar sus puntos:

> Nadie tenga un concepto de sí más alto que el que debe tener.
> Piense de sí mismo con moderación, según la medida de fe que Dios le haya dado.
> Como cada uno de nosotros tiene un solo cuerpo con muchos miembros, y no todos estos miembros desempeñan la misma función, también nosotros, siendo muchos, formamos un solo cuerpo en Cristo, y cada miembro está unido a todos los demás.
> Tenemos dones diferentes, según la gracia que se nos ha dado. Si el don de alguien es el de profecía, que lo use en proporción con su fe; si es el de prestar un servicio, que lo preste; si es el de enseñar, que enseñe; si es el de animar a otros, que los anime; si es el de socorrer a los necesitados, que dé con generosidad; si es el de dirigir, que dirija con esmero; si es el de mostrar compasión, que lo haga con alegría.
> El amor debe ser sincero.
> Aborrezcan el mal.
> Aférrense al bien.
> Ámense los unos a los otros con amor fraternal.
> Respetándose y honrándose mutuamente.
> Nunca dejen de ser diligentes; antes bien, sirvan al Señor con el fervor que da el Espíritu.
> Alégrense en la esperanza, muestren paciencia en el sufrimiento, perseveren en la oración.
> Ayuden a los hermanos necesitados.
> Practiquen la hospitalidad.
> Bendigan a quienes los persigan; bendigan y no maldigan.
> Alégrense con los que están alegres.

- Lloren con los que lloran.
- Vivan en armonía los unos con los otros.
- No sean arrogantes, sino háganse solidarios con los humildes.
- No se crean los únicos que saben.
- No paguen a nadie mal por mal.
- Procuren hacer lo bueno delante de todos.
- Si es posible, y en cuanto dependa de ustedes, vivan en paz con todos.
- No tomen venganza - sino dejen el castigo en las manos de Dios (Deuteronomio 32:35).
- Demuestra compasión por tus enemigos (Proverbios 25:21,22).
- No te dejes vencer por el mal - vence el mal con el bien.

[Romanos 12:3-21]

> **Pablo dijo que en Cristo somos un solo cuerpo y que cada miembro pertenece a todos los demás. ¿Qué significa esto para ti en tus relaciones?**
>
> **¿Qué dones te ha dado Dios? ¿Cómo estás usando estos dones?**

Pablo dijo que todos deben someterse a las autoridades gobernantes porque Dios los estableció. "Todo el que se opone a la autoridad se rebela contra lo que Dios ha instituido. Los gobernantes no están para infundir terror a los que hacen lo bueno, sino a los que hacen lo malo. Por eso mismo pagan ustedes impuestos, pues las autoridades están al servicio de Dios, dedicadas precisamente a gobernar".

[Romanos 13:1-6]

> ¿Qué autoridades crees que son los siervos de Dios?
>
> ¿Cuál es el papel de los cristianos individualmente, congregaciones y/u otras organizaciones religiosas para influir en las autoridades gubernamentales?

"No tengan deudas pendientes con nadie, a no ser la de amarse unos a otros. De hecho, quien ama al prójimo ha cumplido la ley. Porque los mandamientos que dicen: «No cometas adulterio», «No mates», «No robes», «No codicies», y todos los demás mandamientos, se resumen en este precepto: «Ama a tu prójimo como a ti mismo». El amor no perjudica al prójimo. Así que el amor es el cumplimiento de la ley".

[Romanos 13:8-10]

Nota: En "Los cuatro amores", el autor y teólogo británico C.S. Lewis distinguió entre Necesidad-amor y Regalo-amor. Regalo-amor anhela servir y está dispuesto a sufrir por otro. Es Necesidad-amor el que nos atrae hacia Dios y que atrae al infante hacia su madre. Necesidad-amor puede llevarnos a fuentes de compasión y renovación. Necesidad-amor tiende a durar sólo mientras existe la necesidad. Por otro lado, el Regalo-amor tiende a perdurar. Lewis veía a Dios como la máxima expresión de amor. Dios-Amor es el último Regalo-amor. En este amor, escribió Lewis: "no hay hambre que necesite ser llenada; sólo la abundancia que desea dar". Regalo-amor simplemente desea lo mejor para el amado. Este amor nos permite amar lo que no es naturalmente amable. Incluso nos permite tener un Regalo-amor para nosotros mismos.

> ¿Hace el resumen de Pablo de los mandamientos más fácil o más difícil para ti obedecer la voluntad de Dios? Explica.

Pablo concluye el capítulo 13 recordando a los romanos reconocer que no hay mejor tiempo que el presente para vivir en la vida que Dios quiere para nosotros, dejando a un lado "las obras de las tinieblas" y poniéndonos "la armadura de la luz". Después de describir las obras de las tinieblas, Pablo llama a los cristianos a "[revestirse] del Señor Jesucristo, y [de] no [preocuparse] por satisfacer los deseos de la naturaleza pecaminosa".

[Romanos 13:11-14]

PARA MAYOR DISCUSIÓN O REFLEXIÓN PERSONAL:

[ROMANOS 12:9]

¿De qué maneras puedes vencer el mal con el bien?

[ROMANOS 12:3-21]

¿Qué barreras te impiden practicar tu fe plenamente?

[ROMANOS 12:16]

¿En qué áreas de tu vida te resulta más difícil vivir en armonía con los demás?

[ROMANOS 13:1-7]

¿Cuándo sería correcto rebelarse contra un una autoridad que gobierna?

¿Qué formas de rebelión es correcto ejercer contra una autoridad gobernante?

¿Cómo expresas tu ciudadanía siendo cristiano?

[ROMANOS 13:9]

¿Cuál es la diferencia entre amarte a ti mismo y ser arrogante o "egocéntrico"?

¿Qué barreras enfrentas al amar a tu prójimo como a ti mismo?

¿Cuáles son los beneficios de amar a tu prójimo como a ti mismo?

¿Qué podrías hacer, a partir de ahora, para amar a tu prójimo más?

SESIÓN 11

¿CÓMO VIVIMOS EL EJEMPLO DE CRISTO?

Romanos 14:23

"Reciban al que es débil en la fe, pero no para entrar en discusiones. A algunos su fe les permite comer de todo, pero hay quienes son débiles en la fe, y solo comen verduras". En los días de Pablo surgió una controversia acerca de comer ciertos alimentos. Los cristianos judíos se abstuvieron de comer alimentos prohibidos por las leyes del Antiguo Testamento y los alimentos que habían sido ofrecidos a los dioses e ídolos romanos. La mayoría de los cristianos gentiles no vieron ningún daño en esto. Pablo dijo que si nos afligimos unos a otros con ciertos comportamientos "controversiales" no estamos actuando en amor.

[Romanos 14:1-18]

> ¿Cuáles son algunas de las diferencias entre los cristianos de hoy que conducen a la intolerancia entre los hermanos cristianos?
>
> ¿Por qué juzgamos a quienes tienen puntos de vista diferentes a los nuestros?

"Por lo tanto, esforcémonos por promover todo lo que conduzca a la paz y a la mutua edificación. No destruyas la obra de Dios por causa de la comida. Todo alimento es puro; lo malo es hacer tropezar a otros por lo que uno come. Más vale no comer carne ni beber vino, ni hacer nada que haga caer a tu hermano".

Aunque el enfoque aquí es la comida sacrificada a los ídolos, Pablo instó a los creyentes a no ejercer su derecho a hacer algo controversial, si al hacerlo destruyen la obra de Dios. Podemos comparar estos problemas con las diferencias de actitudes de hoy acerca de la bebida social, formas de vestir, la observancia del sábado y el uso de blasfemias entre los asistentes a la iglesia. Era mejor, Pablo argumentó, no participar en prácticas controversiales que ofendieran o hicieran caer a otros cristianos. Pero Pablo les recordó: "Porque el reino de Dios no es cuestión de comidas o bebidas, sino de justicia, paz y alegría en el Espíritu Santo".

[Romanos 14:19-23]

> ¿Cuán inclusivos y "tolerantes" debemos ser en nuestras comunidades religiosas?
>
> ¿Qué principios se deben honrar y practicar en las congregaciones para evitar que los rituales sean divisivos?

Pablo llama a los creyentes fuertes a hacer algo que parezca contrario a la naturaleza humana, "debemos apoyar a los débiles, en vez de hacer lo que nos agrada. Cada uno debe agradar al prójimo para su bien, con el fin de edificarlo". Luego recuerda a la iglesia romana que Cristo no hizo lo que le placía sino que tomó nuestros insultos. . . nuestros pecados. Por estas acciones, Jesús trajo la esperanza que era central en el mensaje del Antiguo Testamento.

Este recordatorio fluye dentro de una bendición motivante: "Que el Dios que infunde aliento y perseverancia les conceda vivir juntos en armonía, conforme al ejemplo de Cristo Jesús, para que con un solo corazón y a una sola voz glorifiquen al Dios y Padre de nuestro Señor Jesucristo".

[Romanos 15:1-6]

> **¿Cómo deben los cristianos aceptar y cuidar a los débiles en la fe?**
>
> **¿De qué manera vivir este desafío generará una sola mente que glorifique a Dios?**

La bendición de Pablo continúa mientras emite otra súplica para aceptarse unos de otros "así como Cristo los aceptó a ustedes". Entonces él cita las escrituras del Antiguo Testamento para afirmar el lugar de los gentiles en el reino de Dios, y ofrece esta bendición: "Que el Dios de la esperanza los llene de toda alegría y paz a ustedes que creen en él, para que rebosen de esperanza por el poder del Espíritu Santo".

[Romanos 15:7-13]

PARA MAYOR DISCUSIÓN O REFLEXIÓN PERSONAL:

[ROMANOS 14:13]

¿Cómo deben los cristianos aceptar y cuidar a los débiles en la fe?

¿Qué puedes hacer para permitir que las personas sean fuertes en su fe?

[ROMANOS 14:13-21]

Pablo definió lo que significaba ser miembro de una comunidad cristiana. ¿Te inscribirías para ser miembro de una congregación como la que él describe? ¿Por qué sí o por qué no?

[ROMANOS 15:7]

¿Qué significa para ti ser aceptado por Cristo?

¿Cómo demuestran los creyentes con quienes te asocias la aceptación a la manera de Cristo de los demás?

[ROMANOS 15:13]

¿Tu iglesia está llena de gozo y paz? ¿Está desbordado de esperanza?

¿Qué puedes hacer para animar a la familia de la iglesia?

SESIÓN 12

¿CÓMO PUEDES CERRAR UNA CARTA COMO LA DE PABLO A LOS ROMANOS?

Romanos 15:14-16:27

Después de tantas instrucciones y advertencias, podríamos estar sorprendidos de leer lo que Pablo escribió en la sección de cierre de su carta. "Por mi parte, hermanos míos, estoy seguro de que ustedes mismos rebosan de bondad, abundan en conocimiento y están capacitados para instruirse unos a otros".

Él ofreció este título para su misión: "Por tanto, mi servicio a Dios es para mí motivo de orgullo en Cristo Jesús. No me atreveré a hablar de nada sino de lo que Cristo ha hecho por medio de mí para que los gentiles lleguen a obedecer a Dios. Lo ha hecho con palabras y obras, mediante poderosas señales y milagros, por el poder del Espíritu de Dios". Y, Pablo se disculpó por haber sido impedido de visitar a los cristianos en Roma. Él había estado ocupado en sus esfuerzos para llegar a aquellos en lugares donde Cristo no había sido conocido. "En efecto, mi propósito ha sido predicar el evangelio donde Cristo no sea conocido, para no edificar sobre fundamento ajeno".

[Romanos 15:14-20]

> Si los cristianos de Roma estuvieran llenos de bondad, completos en conocimiento, y competentes para instruirse unos a otros, ¿qué más necesitarían para ser una congregación fuerte?
>
> Pablo sintió que Jesús no estaba representado apropiadamente en muchas congregaciones de la iglesia primitiva. ¿De qué maneras crees que Jesús no está siendo correctamente representado en las congregaciones de la iglesia hoy en día?

Pablo era algo así como un diplomático o un político. Usó varias tácticas para asegurar el apoyo que necesitaba. Enajenó a algunos de los líderes de la iglesia primitiva en Jerusalén con su acercamiento hacia su misión. Mientras viajaba para llegar a los gentiles, Pablo reunió fondos para ayudar a los pobres entre los cristianos en Jerusalén. Pablo creía que puesto que los gentiles compartían bendiciones espirituales de los judíos, necesitaban compartir sus propias bendiciones materiales con sus hermanos y hermanas judeo-cristianos. Pablo agregó: "Así que, una vez que yo haya cumplido esta tarea y entregado en sus manos este fruto, saldré para España y de paso los visitaré a ustedes".

[Romanos 15:21-29]

> Los judíos cristianos en Jerusalén le causaron a Pablo un dolor considerable. Aquí se refiere a ellos como "los santos en Jerusalén". (La palabra "santo" sugiere santidad de Dios.) ¿Cómo explicas la intercesión cariñosa de Pablo hacia aquellos que lo criticaron tanto?

Pablo instó a los cristianos romanos a unirse a él en su "lucha" para difundir el Evangelio de Cristo contra la oposición de los incrédulos. "Les ruego, hermanos, por nuestro Señor Jesucristo y por el amor del Espíritu, que se unan conmigo en esta lucha y que oren a Dios por mí. Pídanle que me libre de caer en manos de los incrédulos que están en Judea, y que los hermanos de Jerusalén reciban bien la ayuda que les llevo. De este modo, por la voluntad de Dios, llegaré a ustedes con alegría y podré descansar entre ustedes por algún tiempo. El Dios de paz sea con todos ustedes. Amén".

[Romanos 15:30-33]

> En su lucha interna y externa, Pablo invocó al Dios de paz para estar con los cristianos romanos. ¿Que quiso decir con el Dios de "paz"?
>
> En su transformación espiritual Pablo encontró nueva vida. ¿Cómo describirías esa nueva vida?

Muchos compartieron y apoyaron la misión de Pablo. Muchas mujeres son mencionadas en posiciones de liderazgo. Algunos arriesgaron sus vidas por él. Muchas iglesias cristianas primitivas se reunían en las casas de los creyentes. Muchos de estos cristianos fueron amables en su cuidado para con Pablo. Él se refirió a algunos de ellos como apóstoles. Ordinariamente esto se refería a aquellos autorizados para ser evangelistas, transmisores de la Buena Nuevas de Jesús el Cristo.

[Romanos 16:1-7]

> Durante la mayor parte de la historia del cristianismo, a las mujeres no se les ha permitido ser líderes oficiales. Ellas eran líderes, sin embargo, en las iglesias primitivas. ¿Por qué han sido los roles de las mujeres que sirven en el liderazgo en la iglesia cristiana controversiales?

La palabra apóstol también describía a los que Jesús mismo envió directamente para transmitir la Buena Noticia. Pablo cerró su carta elogiando la obediencia de los cristianos romanos. Él estaba lleno de alegría por ellos. Quería que fueran sabios acerca de lo que era bueno e inocente acerca de lo que era malo. Pablo retuvo la servicios de Tercio como escriba para esta carta. Tercio mismo dijo que él escribió esta carta.

[Romanos 16:8-24]

> Pablo menciona a mujeres y hombres que arriesgaron sus vidas para él. ¿Cuál fue la base de tal lealtad a este apóstol?

Pablo terminó su carta a los cristianos romanos con la siguiente bendición: "El Dios eterno ocultó su misterio durante largos siglos, pero ahora lo ha revelado por medio de los escritos proféticos, según su propio mandato, para que todas las naciones obedezcan a la fe.¡Al que puede fortalecerlos a ustedes conforme a mi evangelio y a la predicación acerca de Jesucristo, al único sabio Dios, sea la gloria para siempre por medio de Jesucristo! Amén".

[Romanos 16: 25-27]

> ¿Cuál fue EL CAMINO de Jesús que Pablo encontró?
>
> ¿Has encontrado tú EL CAMINO de Jesús? Si es así, ¿cómo ha cambiado tu vida?

PARA MAYOR DISCUSIÓN O REFLEXIÓN PERSONAL:

[ROMANOS 15:17-19]

Pablo vivió bajo el poder del Espíritu. Podríamos pensar en esto como viviendo en la "Zona de Dios". ¿De qué maneras ves a Pablo viviendo en la Zona de Dios?

¿Qué le dio a Pablo la valentía siempre renovada para permanecer en su labor?

¿De qué maneras te ves tú mismo viviendo en la Zona de Dios?

[ROMANOS 15:14-21]

¿Qué cambio se necesita en el enfoque de la Iglesia hacia las misiones para llevar el evangelio a lugares donde es "desconocido"?

[ROMANOS 16]

Los primeros cristianos a menudo se reunían en las casas de los miembros. ¿Qué beneficios o problemas ves en los hogares de los miembros que se utilizan para las reuniones de la iglesia?

[ROMANOS 16:25-27]

En su bendición final, Pablo dijo que los escritos proféticos y la proclamación de Jesucristo apuntan al mandato del Dios eterno para que todas las naciones puedan creer y obedecerle.

¿Qué significa esto?

EPÍLOGO

Durante las 12 sesiones de este estudio, has probado un poco de lo que el Pablo de la iglesia primitiva transmitió a los creyentes en los primeros años. De ninguna manera exhaustivo, este estudio tenía la intención de hacerte hablar con otros sobre los desafíos enfrentados por los cristianos a lo largo de la historia y de la dirección de Dios para su pueblo en la nueva era de la GRACIA. Algunas preguntas han guiado tu tiempo de diálogo durante este estudio. A nosotros nos gustaría dejarte con algunas preguntas más para que puedas considerar por tu cuenta.

1. ¿Estás dispuesto a pedirle a Jesús que te dé un nuevo comienzo con él y transformar tu vida?
2. ¿Podrías hacer que seguirlo sea tu máxima prioridad?
3. ¿Qué le dirías a otra persona sobre lo que estás aprendiendo acerca de Jesús?
4. ¿Estás dispuesto a compartir las Buenas Nuevas acerca de él on otros en tu mundo?

Mientras continúas tu viaje con Jesús, por favor recuerda que no viajas solo. Él se te ha adelantado para abrir el camino, y promete estar contigo en cada paso del camino.

Él promete dar una vida de propósito, floreciente y significativa ahora y por la eternidad a todos los que caminan con él, a cada persona que afirma que Jesús es Señor y Salvador. Es más, ha prometido proporcionar la sabiduría, el poder e incluso las palabras que necesitas para invitar a otros a seguirlo también.

Si disfrutaste este estudio de la carta de Pablo a la iglesia en Roma, es posible que desees estudiar la vida de Jesús tal como la cuenta el Apóstol Marcos. *TU INVITACIÓN* es un estudio de descubrimiento para grupos pequeños de 11 sesiones diseñado para profundizar tu comprensión del amor y el perdón de Dios expresados en la vida y enseñanzas de Jesucristo.

También puedes considerar estudiar la vida de Jesús como lo dijo el Apóstol Juan. *LA TRANSFORMACIÓN* es un estudio de descubrimiento para grupos pequeños que consta de 13 sesiones diseñado para profundizar tu comprensión del amor y el perdón de Dios expresados en la vida y las enseñanzas de Jesucristo.

TU INVITACIÓN y *TRANSFORMACIÓN* de Living Dialog Ministries, están disponibles en tiendas en línea y librerías por todas partes.

Visita nuestro sitio web, www.lifesbasicquestions.com, como un lugar para abordar algunas de las preguntas centrales de la vida. El sitio web está diseñado para ser una forma fácil de usar para dialogar sobre el tipo de problemas que encontraste en tu estudio de la carta de Pablo a los romanos. También hay un lugar en el sitio web para visitantes para hacer sus propias preguntas y recibir un mensaje confidencial de respuesta del equipo de Ministerios Viviendo el Diálogo [Living Dialog Ministries]. Es un recurso útil sin costo que puedes compartir con otros.

ACERCA DE NOSOTROS

JOHN C. (JACK) DANNEMILLER, presidente y CEO de The Living Dialog Ministries [Ministerios Viviendo el Diálogo], es el ex presidente y CEO de Applied Industrial Technologies, una corporación Fortune de 1000. Es un líder de 30 años de estudios bíblicos de grupos pequeños, un orador frecuente en eventos de Christian Businessmen y un conferencista en el la Escuela Weatherhead de Graduados en Negocios de la Universidad Case Western Reserve donde fue honrado con el Distinguished Alumni Award.

IRVING R. STUBBS, presidente emérito de The Living Dialog Ministerios [Ministerios Viviendo el Diálogo], es un ministro con títulos de la universida de Davidson y del Seminario Teológico Unión en Nueva York. Sirvió en pastorados, un ministerio urbano y consultor de empresas, medios de comunicación, religiosos, gobierno y organizaciones profesionales y de sus ejecutivos en América del Norte, Europa y Asia. Es autor y coautor de libros, artículos y recursos de aprendizaje.

HENRY R. (HARRY) POLLARD, IV, Secretario de The Living Dialog Ministries [Ministerios Viviendo el Diálogo], es presidente, socio y abogado en ejercicio con Parker, Pollard, Wilton & Peaden, PC de Richmond, Virginia donde ha ejercido la abogacía durante más de 40 años. Ha servido como funcionario y director de numerosas empresas, incluidas entidades bancarias, inmobiliarias y financieras. Es co-fundador y presidente del Instituto de Valores de América.

KENT E. ENGELKE, tesorero de The Living Dialog Ministeries [Ministerios Viviendo el Diálogo], es Director Gerente y Jefe Económico y Estratega de Capitol Securities Management, una empresa de $6.1 mil millones de gestiones de activos, y se ha desempeñado como director de varios bancos que cotizan en la bolsa y empresas de banca hipotecaria. Sus puntos de vista sobre la economía y los mercados son rutinariamente solicitados por los principales medios de comunicación. Él le da crédito a Dios por las palabras que escribe a diario y agradece a Dios por el valor y la perseverancia en la superación de obstáculos.

BRIAN N. REGRUT, director ejecutivo de The Living Dialog Ministries [Ministerios Viviendo el Diálogo], es un ex ejecutivo de relaciones públicas y consultor, escritor de discursos corporativos, autor y conferencista sirviendo a clientes en los campos de telecomunicaciones, finanzas, servicios y educación. Ha servido en una variedad de roles en las iglesias de liderazgo incluyendo la predicación y la enseñanza. Él y su esposa de más de 50 años han enseñado juntos en la escuela dominical y han dirigido estudios bíblicos en grupos pequeños durante muchos años.

LA DRA. FRANCELIA CHÁVEZ DE McREYNOLDS nació en CDMX pero vivió muchos años en Villahermosa, Tab., donde conoció el Evangelio y fue llamada a ser misionera a la edad de 24 años. Está casada con el misionero Christopher. Tiene un doctorado en Misionología de la Facultad Teológica de Brasil; una Maestría en Artes y Religión del Seminario Teológico Westminster en Pensilvania, E.U.; y una licenciatura en Idiomas y otra en Teología en México. Ha escrito currículo para niños, jóvenes y adultos. Ha sido profesora en diversos seminarios teológicos y escrito y dado conferencias sobre consejería, teología, misiones y educación bíblica. Francelia y Chris son los directores del Programa AMO en México.

UNA HERRAMIENTA QUE INVITA AL PENSAMIENTO SOBRE EL EVANGELISMO PARA IGLESIAS Y ORGANIZACIONES

Para aquellos que están en un viaje de descubrimiento, finalmente respuestas a las más profundas preguntas de la vida. Este pequeño libro ha sido distribuido a miles.

Disponible a granel a un precio razonable con una funda personalizada con tu logo y mensaje de tu iglesia u organización.

Únete al diálogo

www.lifesbasicquestions.com

Para precios por correo electrónico

info@livingdialog.com

CHECA LOS OTROS GRUPOS PEQUEÑOS DE DESCUBRIMIENTO

TRANSFORMACIÓN

está diseñado para guiar a tu pequeño grupo a través de un estudio gratificante de la vida de Jesúscomo lo relata el Apóstol Juan.

Durante las 13 sesiones llenas de preguntas que invitan a la reflexión, te involucrarás con otros en un formato interactivo que te permite obtener nuevos conocimientos sobre Jesús: Hijo de Dios y Salvador de la humanidad.

TU INVITACIÓN

ayuda a guiar pequeños grupos en un emocionante descubrimiento, a través de un diálogo intencional del Evangelio de Marcos.

Cada una de las 11 sesiones comienza con una pregunta que invita a la reflexión y lleva al grupo a una narrativa corta, bíblicamente precisa intercalada con preguntas que el grupo puede usar como iniciadores del diálogo.

www.ingramcontent.com/pod-product-compliance
Lightning Source LLC
Chambersburg PA
CBHW072106290426
44110CB00014B/1852